U0099930

遺失不補

憑票供應

票證裏的中國

李三台 著

前言

　　新中國成立初期，國家一窮二白，物資極度匱乏。

　　1953 年，我國進入第一個 "五年計劃" 時期，實行計劃經濟。

　　計劃經濟就是對社會產品採取有計劃的生產，而對商品採取有計劃的供應，對單位個人進行計劃分配。

　　當時為了滿足人民生活的基本需求而採取的最為有效的方法，就是印發各種商品票證，有計劃地分配到單位或城鎮居民手中。

　　1955 年 8 月 5 日，國務院全體會議第十七次會議通過《市鎮糧食定量供應憑證印製使用暫行辦法》。隨後，國家糧食部向全國發佈這一暫行辦法，各種糧食票證開始鋪天蓋地地進入人們的生活。

　　糧票、食用油票、布票等是我國最早實行的票證種類，這些極具中國計劃經濟時代特色的票證，在我國的使用歷史長達四十多年。

　　我國的票證種類與數量都堪稱世界之最，全國兩千五百多個市縣，還有一些鄉鎮都分別發放和使用了各種商品票證，對商品進行計劃供應。此外，一些大企業、廠礦、農場、學校、部隊、公社等也印發了各種票證，種類繁多，票面題材廣泛，印製精細，具有時間性和地域性的特點。

　　我國各地的商品票證通常分為 "吃、穿、用" 三大類。吃的除了各種糧油票外，還有豬肉票、牛肉票、羊肉票、雞肉票、鴨肉票、魚肉票、雞鴨蛋票，以及各種糖類票、豆製品票、蔬菜票等等。穿的除了各種布票外，還有棉花票、棉胎票、汗衫票、背心票、布鞋票等等。用的有火柴票、肥皂票、洗衣粉票、煤油票、煤票、商品購買證、電器票、自行車票，還有臨時票、機動票等，票類五花八門，涉及各個領域的方方面面。總之，在計劃經濟時期，大多數商品都要憑票供應。相應的商品就用相應的票證購買，一一對應，缺一不可。為了照顧老幹部、高級知識分子、科研人員和有特殊貢獻的人，政府也分別發放了一些特供票證。

十一屆三中全會以後，國家經濟的發展，使市場上的商品供應情況有了根本性的好轉。隨著改革開放的不斷深入，城鄉居民生活物資日益充足，票證逐步退出歷史舞台。

1993 年，我國決定在全國範圍內取消糧票和油票，標誌著票證時代的徹底終結。與老百姓相依為命四十多年的票證終於離開了人們的生活，中國也從此擺脫和告別了票證所代表的物資匱乏的時代。

習近平總書記在慶祝改革開放四十週年大會上的講話中指出：糧票、布票、肉票、魚票、油票、豆腐票、副食本、工業券等百姓生活曾經離不開的票證已經進入了歷史博物館，忍飢捱餓、缺吃少穿、生活困頓這些幾千年來困擾我國人民的問題總體上一去不復返了！

這些票證的歷史可謂是一部凝重渾厚的中華民族創業史，是囊括中國農業、商業、工業、服務業的發展史，是中國計劃經濟的真實寫照和證明。

目錄

第三部分　　家用雜物

第四部分　　肉　票

第五部分　　燃料建材類

第六部分　　農業用品類

第七部分　煙票、糖票等副食品票

01 糧油票證

糧票

在計劃經濟時代，糧票是人們的命根子。糧食包括糧食製品，實行憑票供應，沒有糧票，就無法買到糧食及糧食製品。在飯店、食品店等，全部憑票供應，就連參加紅白喜事，也要帶米票。

全國各省、自治區、直轄市糧票
◎ 北京市

北京市糧票

北京市地方糧票

◎ 上海市

上海市糧票

上海市居民定量糧票

◎ 天津市

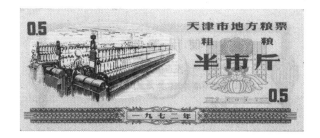

天津市地方糧票

◎ 內蒙古自治區

內蒙古自治區通用糧票

內蒙古自治區地方糧票

內蒙古自治區地方糧票

呼和浩特市山藥票

呼和浩特市馬鈴薯供應票

錫林浩特市熟食品票

烏海市市內麵粉券

赤峰市地方麵票

◎ 遼寧省

遼寧省地方糧票

遼寧省獎售糧票

丹東市居民麵粉供應票

丹東市居民粗糧供應票

◎ 吉林省

吉林省地方糧票

遼源市居民口糧供應票

四平市居民口糧供應票

◎ 黑龍江省

黑龍江省糧票

佳木斯市糧食供應卡

鶴崗市糧食分撥證

◎ 河北省

河北省糧票

河北省地方糧票

邯鄲市工種補差糧票

◎ 河南省

河南省流動糧票

商丘市糧食供應券

新鄉市流動食油票

河南省細糧券

河南省以工代賑領糧券

◎ 山東省

山東省糧票

濟南市糧票

章邱（丘）縣糧食副券

◎ 山西省

山西省糧票

山西省地方糧票

太原市薯類票

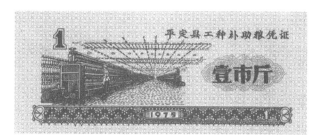

平定縣工種補助糧憑證

大同市糧票

◎　陝西省

陝西省通用糧票

陝西省通用糧票

陝西省高級腦力勞動者食油補助供應票

陝西省收購經濟作物獎勵糧票

◎ 湖北省

湖北省糧票

湖北省通用糧票

湖北省地方通用糧票

武漢市地方糧票

武漢市食品飲食專用糧票

湖北省流動糧票

監利縣通用糧票

洪湖縣轉移耕牛糧票

孝感市城區購糧券

天門市農村供應糧卡

沙市市地方糧票

荊州鎮糧食分撥證

襄樊市區專用糧票

◎ 湖南省

湖南省糧票

湖南省通用糧票

湖南省糧食指標劃撥票

湖南省購糧券

長沙市購糧券

華容縣草籽兌糧專用票

東安縣農村返銷糧購買證

南縣糧食證

芷江縣薯乾、澱粉收購券

安化縣工種專用糧票

衡陽縣周轉糧票

◎ 江西省

江西省糧票

吉安地區臨時購糧票

萍鄉市糧券

萍鄉市工種糧票

贛縣大米票

黃龍糧管所製種穀票

◎ 安徽省

安徽省通用糧票

安徽省地方糧票

安徽省調劑糧票

安徽省流動購糧票

安徽省省內通用糧票

安徽省獎勵糧票

合肥市定點糧票

蕪湖市購糧券

淮北市地方糧票

淮南市流通糧票

◎ 江蘇省

江蘇省地方糧票

南京市購糧券

南通市購糧券

寶應縣氾水購糧券

常州市全市通用糧票

蘇州市議價糧券

鎮江市定量購糧券

宿遷市城鎮代糧券

宿城定額代糧券

◎ 浙江省

浙江省糧票

浙江省定额糧票

◎ 福建省

福建省糧票

福建省地方糧票

福建省獎售糧票

◎ 廣東省

廣東省通用糧票

廣東省常年流動專用糧票

廣東省購糧票

廣州市專用糧票

廣州市華僑特種商品供應證

羅定縣固定糧票

梅縣市市區購糧證

台山縣糧食局購糧票

◎ 廣西（省）壯族自治區

　　1958 年 3 月 15 日，廣西僮族自治區成立，在此之前稱廣西省。1965 年 10 月，根據周恩來總理的建議，國務院決定將僮族的"僮"字改為"壯"。

廣西省糧票

廣西僮族自治區通用糧票

廣西壯族自治區通用糧票

廣西壯族自治區通用糧票

廣西僮族自治區獎售糧票

廣西壯族自治區獎售糧票

廣西壯族自治區流動人口糧油定額供應卡

廣西壯族自治區轉移糧票

廣西壯族自治區工種專用糧票

廣西僑匯券

廣西僮族自治區僑匯商品供應證

◎ 雲南省

雲南省糧票

雲南省糧票

雲南省軍用價購食油票

昆明市麵票

東川市工種補差糧票

雲南省印支難民專用糧券

雲南省印支難民專用食油券

◎ 貴州省

貴州省地方糧票

貴州省地方糧票

貴陽市食品供應票

遵義市工種差額購糧券

貴州省粗糧供應票

◎ 四川省

四川省糧票

四川省購糧券

四川省地方糧票

成都市臨時憑票購糧（搭夥）證明

成都市糧食供應票

成都市粗糧供應券

羅江縣食糧證明票

南川縣市鎮居民糧食供應卷（券）

長寧縣購糧券

雅安縣居民購糧票

江油縣購糧券

雅安市糧食供應票

康定縣糧食供應票

雅安縣知青糧油購買證

樂山市麵粉票

南溪縣雜糧票

峨眉縣購糧券

劍閣縣購糧證

長寧縣購糧券

西昌市糧食供應票

什邡縣糧食供應券

宜賓市購糧副券

成都市金牛區菜農臨時購糧證明

成都市武侯區農村周轉油票

德陽市粗糧購糧券

德陽市購糧券

南溪縣糧食供應票

南溪縣糧票

◎ 甘肅省

甘肅省糧票

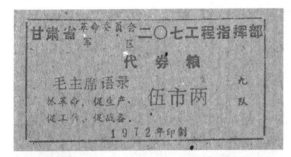

甘肅省革命委員會、軍區二〇七工程指揮部代券糧

蘭州市工種補差糧票

天水市秦城區菜農糧票

◎ 寧夏回族自治區

寧夏回族自治區地方糧票

寧夏回族自治區地方油票

青銅峽縣工種補差糧票

◎ 青海省

青海省地方糧票

◎ 新疆維吾爾自治區

新疆維吾爾自治區地方糧票

新疆維吾爾自治區地方糧票

新疆軍區戰備專用糧票

◎　西藏自治區

西藏自治區籌備委員會糧食管理局地方糧票

西藏自治區糧票

中國人民解放軍西藏軍區糧票

中國人民解放軍西藏軍區專用糧票

軍用糧票

大米

麵粉

粗糧

馬料

軍用價購糧票

回鄉轉業建設軍人資助糧兌換現金券

復員軍人生產補助糧票

空軍炮校糧票

中南區大米票

軍用代金券

◎ 軍用糧定額支票

粗糧票

大米票

馬料票

麵粉票

中國人民解放軍西藏軍區糧票

中國人民解放軍西藏軍區專用糧票

全國糧票 1978 年版

火車、輪船、飛機專用糧票

全國糧票 1978 年版

　　1978 年，根據毛主席提出的"深挖洞、廣積糧、不稱霸"，國務院決定印製這批糧票，印完後全部儲藏於戰備倉庫裏，作為戰備專用糧票，因此叫作戰備糧票。這批糧票的面額共有五種：半市斤、一市斤、三市斤、五市斤、十市斤。

火車、輪船、飛機專用糧票

　　1962 年，乘坐火車、輪船、飛機的人員在開飯時要憑這種糧票用餐，如無此種糧票，也可用全國通用糧票代替使用。這批糧票面額有一市兩、二市兩兩種。由於種種原因，後來這種糧票沒有公開發行，只有少量票樣發放到各地糧食部門，沒有流通使用。

全國通用糧票

全國部分省市及機關單位餐票

廣西省人民政府餐票

百色市飲食券

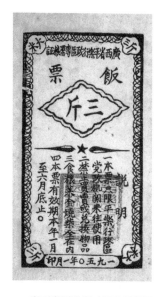

廣西省平樂行政區專署飯票　　廣西壯族自治區煤炭石油工業局職工
　　　　　　　　　　　　　　　　食堂飯票

晃縣（今新晃侗族自治縣）餐票

國營第一二〇廠飯票

邵陽專署公安處監獄飯票

蕪湖市革命委員會第二招待所菜券、飯票

咸寧地區（今咸寧市）向陽湖五‧七幹校直屬營一連食堂飯票、菜票

◎ 中國人民志願軍後勤司令部飯票

　　1952 年，為了方便志願軍來往吃飯，中國人民志願軍後勤司令部專門印發了這種飯票，並規定一天提供大米一斤半（舊制計為二十四兩）。

中國人民志願軍後勤司令部飯票

◎ 解放軍總後方勤務部餐券

　　這張餐券是中國人民解放軍總後方勤務部於 1956 年發行的餐券，面額為一餐，部隊使用這樣的票證，方便官兵到各地工作就餐時使用。

中國人民解放軍總後方勤務部餐券

烈軍屬榮復轉退軍人飯票

昌都地區部隊餐票

九師十七團專用飯票

中國人民解放軍三五三〇三部隊餐券

各類雜糧票

副食品票、食品供應票、飲食票、豆製品票

　　當時發行這些票證時，雖然物資供應有所好轉，但供求懸殊太大。為了讓人們都能買到一份食品、副食品，這些票面就沒有規定產品名及數量，各地按實有物資，按人口、品種及分量供應。暫時不能敞開供應的，就憑食品票、副食品票按一定數量供應。

　　當時所發行的飲食票是為了方便人們在飯店、食品店用餐使用。如果沒有飲食票，就無法在飯店和食品店用餐。

　　1959 年陸續開始實行豆腐憑票供應，因糧食油料緊缺，一部分豆類作為糧食搭配，另一部分加工油料，剩下的加工豆製品。豆料少了，每人每月供應三至五塊豆腐，逢節日供應一些油炸豆腐粒，也要憑豆腐票抵折扣除。如果想吃幾塊豆腐，就得早上五點鐘起來去排隊購買。這些票證是發給持有非農業戶口的人們的。

柳州市豆腐票

廣州市豆類製品票

武漢市豆製品票

贵阳市豆製品票

昆明市豆製品票

津市米豆腐票

常州市豆芽菜票

◎ 黃豆芽票

　　這張黃豆芽票是常州市商業局於 1970 年印發的。當時物資緊缺，黃豆芽的原料黃豆本身是糧食油料，因此物以稀為貴，必須憑票供應，而且只在春節才會供應一些做菜品用，平時很少有供應。

蘇州市油豆腐票

◎ 油豆腐、油麵筋票

　　這兩張油豆腐票、油麵筋票是蘇州市服務局於 1963 年春節期間印發的。由於各種物資緊缺，春節期間政府千方百計準備一些副食品供應給市民，讓市民可以歡歡喜喜過春節。

蘇州市油麵筋票

嬰兒奶粉、代乳粉票

　　當時，百物供應不上，奶粉、代乳粉是嬰兒的特殊補品。為使更多嬰
兒能享用，所以定額憑票供應。

◎　奶粉票

武漢市代奶粉專用票　　　　　　　　天津市嬰兒奶粉票

◎　代乳粉票

貴陽市代乳粉票

渡口市嬰兒白糖票

糍巴（粑）票

洛陽市蘿蔔票

鄭州市大葱票

◎ 嬰兒輔食證

　　四川省渡口市（今攀枝花市）1977年印發嬰兒輔食證，主要供應糖類及奶粉類輔食。在各類物資緊缺的情況下，政府千方百計地供應一些糖類，使嬰兒能夠健康成長。

◎ 糍粑票

　　江陵鳴春酒家印發的糍粑票，屬食品類票證，在糧食緊缺的時代，這種糍粑算是上等食品，要先扣糧食票才下發。

◎ 蘿蔔票、大葱票、蔬菜票

　　這些蔬菜票都是在北方發放的，因北方不能常年種植，冬春兩季靠儲藏菜供應維持。南方四季可種，當時雖少些，但不用憑票定量供應。有時確實困難，只有排隊定量供應，每人一次能買多少，要視實際生產量隨時調整而定。

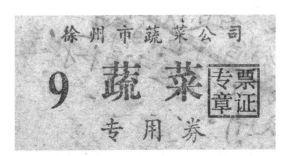

徐州市蔬菜票

重慶市蔬菜糧專用票

◎ 食品轉化專用票

陝西省安康市以及紅山區於 1991 年至 1992 年印發糧食部門食品轉化專用票及居民口糧轉化食品票。這兩種票對購買物資沒有固定限制，購糧或副食品等都可以使用，但需要扣糧食指標。

陝西省安康市食品轉化專用票

◎ 大冰糕票、綠豆冰棒票、獼猴桃冰棒票

這三種票由江陵縣食品廠印發，用於購買防暑降溫食品。雖此類食品沒有糧油、肉類那樣重要，但因生產供應不上，仍需憑票供應。

江陵縣大冰糕票　　　　江陵縣綠豆冰棒票　　　　江陵縣獼猴桃冰棒票

◎ 冰棍票、雪糕票

冰棍票由天津市漢沽區糖業煙酒公司冷食廠印發，雪糕票由天津市漢沽大橋冷食廠印發，這兩種冰棍票、雪糕票只在廠內部使用，不對外發行。

天津市漢沽區冰棍票　　　　　　　　天津市漢沽區雪糕票

食品票

在計劃經濟時代，各種小食品也被列入定量憑票供應的行列，所以有糕點票（老人糕點票，節日糕點票，糕餅票，高級糕點票，華僑、港澳同胞餅乾、糕點購買證）、煎餅票、米糕票、燒餅票、雪片糕票、桃酥票、麻條票、夾糕票、麻餅票、糖年糕票、芝麻綠豆糕票、乳糕票，還有饅頭、花餑、窩窩頭、瓜乾饃、麵包、月餅等食品全部憑票供應。

重慶市糕點票

重慶市璧山縣麵包供應票

◎ 米糕票

1964 年安徽省宿城縣糧管所印發兒童米糕票，不標明數量。為使兒童健康成長，糧管所每月都供應一些米糕，在副食品緊缺時，能夠有票買些米糕給孩子們解饞，是十分奢侈的。

宿遷縣米糕票

◎ 芝麻綠豆糕票

　　武漢市商業局於 1962 年端午節發放食用芝麻綠豆糕票,當時端午節難得能發些芝麻綠豆糕等副食品票,平常是沒有供應的。

武漢市芝麻綠豆糕票

◎ 餅乾票

　　餅乾是一種用炒米磨成粉或麵粉加糖製作的食品,香甜酥脆,又可以充飢。在糧食糖類缺乏的年代,吃兩塊餅乾並不容易。餅乾亦需憑票供應,而且並非人人有份。

餅乾票

◎ 月餅票

　　1959 年至 1963 年，月餅是一種高級食品，也是傳統中秋佳節的禮
品，用麵粉、油料、糖、蛋、肉類等原料製成。當時這些原料都很緊缺，
所以月餅的生產量很少，大多都是低檔月餅，且需按人口憑票供應。農村
憑購貨本，供應每人一個月餅，過中秋佳節。到二十世紀八十年代初期，
生活水平逐步好轉，各式各樣的月餅也增加了生產量，就不用憑票供應
了。進入九十年代以後，隨著社會物質豐富，各種各樣的月餅應有盡有，
從肉類、蛋品月餅到冬菇、果味等高級月餅無所不有。

蘇州市中秋月餅票

02 布票

棉布票的作用

　　人們的生活離不開衣食住行。1954 年國家對棉花實行統購後，開始統銷，全國各地開始按人定量發行棉布票，實行憑票供應。初期每人每年二十尺，1955 年以後逐年減少，每人每年十六尺、十三尺、十二尺、十一尺、八尺、六尺。到 1962 年每人只發三尺六寸布票，當時的布寬度為二尺一寸，因此兩個人的布票合起來是七尺二寸，剛夠縫一條褲子。

　　1961 年至 1963 年的棉布供應很緊張，想買一床被套，得想盡辦法。當時買婦女用的方圍巾是不用布票的，人們便用十六條方圍巾縫合起來做一床被套。買一件文化衫、背心也要收一尺布票，但手帕是不需要布票的，青年婦女及年輕姑娘只好買兩條手帕來做一件汗衫，也有用三寸布票去買一尺蚊帳布來做一件汗衫的。

　　如果遇上嬰兒出生及婚喪嫁娶需要布票，就得到單位去開證明，憑出生證、死亡證、結婚證到商業部門去審批，喪事一次性供應布票二十尺，出生及結婚按當年地方每人實發尺寸予以補助。

　　當時穿一套衣服，真是“新三年，舊三年，縫縫補補又三年，再縫再補再三年”。

全國各省、自治區、直轄市布票

◎　北京市

北京市布票

北京市人民委員會布票

◎ 上海市

上海市布票

上海市第一商業局購布券

上海市收購農副產品獎售布票

◎ 內蒙古自治區

內蒙古自治區布票

內蒙古自治區絮棉票

內蒙古自治區收購牲畜肉食獎售購買證

◎ 遼寧省

遼寧省布票

遼寧省供銷合作社死亡補助絮棉票

鞍山市供銷社死亡、結婚棉券

◎ 吉林省

吉林省布票

◎ 黑龍江省

黑龍江省布票

黑龍江省獎售布票

◎ 河北省

河北省布票

河北省布票

河北省布票

河北省布票

◎ 河南省

河南省棉布購買證

河南省布票

河南省布票

◎　山東省

山東省布票

◎ 山西省

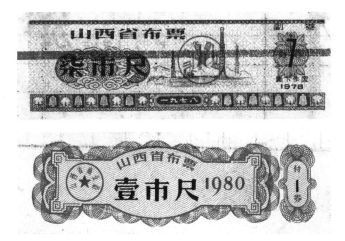

山西省布票

山西省棉花票

山西省收購農副產品獎售布票

山西省扶貧以工代賑購布券

襄汾棉花獎售糖證

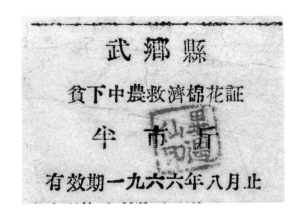

武鄉縣貧下中農救濟棉花證

◎ 陝西省

陝西省布票

陕西省布票

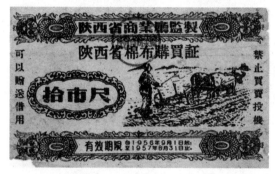

陝西省棉布購買證

陝西省臨時調劑布票

陝西省棉花票

◎ 湖北省

湖北省布票

湖北省人民委員會布票

荊門縣民用棉花票

恩施地區棉花票

嘉魚縣絮棉票

漢川縣棉絮票

◎ 湖南省

湖南省布票

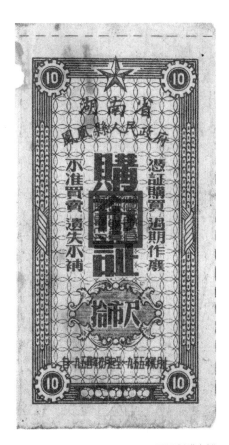

鳳凰縣購布證

◎ 江西省

江西省布票

江西省布票

江西省民用布票

江西省奖售布票

江西省臨時布票

江西省民用定量布票

江西省針織品購買證

◎ 安徽省

安徽省布票

安徽省布票

◎ 江蘇省

江蘇省布票

江蘇省布票

江蘇省優待布票

江蘇省絮棉票

泰州市紡針織品券

◎ 浙江省

浙江省布票

浙江省布票

浙江省購布票

浙江省布票

浙江省獎售布票

◎ 福建省

福建省布票

福建省棉布購買證

福建省收購特種物資獎勵布票

◎ 廣東省

廣東省布票

廣東省布票

廣東省布票（非農業人口定量）

廣東省臨時調劑布票

廣東省找零布票

廣東省獎售布票

廣東省收購農副產品獎售布票

◎ 廣西（省）壯族自治區

廣西省布票

廣西僮族自治區布票

廣西壯族自治區布票

廣西壯族自治區布票

廣西省棉布購買證

廣西省棉布購買證

廣西省購糧獎勵布票

廣西僮族自治區獎售布票

廣西省收購農副產品獎售布票

廣西僮族自治區民族照顧布票

◎ 雲南省

雲南省布票

雲南省布票

雲南省布票

雲南省購布證

◎ 貴州省

貴州省布票

贵州省布票

貴州省布票

貴州省購布證

◎ 四川省

四川省布票

◎ 甘肅省

甘肅省布票

甘肅省布票

甘肃省布票

甘肅省布票

甘肅省工業品以工代賑購布券

◎ 寧夏回族自治區

寧夏回族自治區布票

寧夏回族自治區布票

◎ 青海省

青海省布票

青海省布票

青海省布票

◎　新疆維吾爾自治區

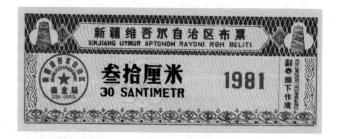

新疆維吾爾自治區布票

新疆維吾爾自治區臨時調劑布票

新疆維吾爾自治區找零布票

◎ 西藏自治區

西藏自治區布票

沁水縣燈芯絨證

燈芯絨證

這張對流生豬購燈芯絨證由沁水縣商業局於 1963 年印發,面額七尺。這種對流票就是從甲隊調豬給乙隊時所獎勵的部分燈芯絨購買證。能夠用當時稱為時髦的布料——燈芯絨縫製一件衣服是十分體面的。

上海市棉農留用棉購棉票

黃棉票、白棉票

上海市供銷合作社 1966 年印發黃棉半斤、白棉一斤的棉票,這種票是棉農留用的棉花(皮棉未打、未加工過)由供銷社收購加工好後,再按數量供給棉農,分好棉和次棉兩種。

結婚布票、生育棉券、死亡棉券

在計劃經濟時代，如結婚需要縫製兩套新衣服，得憑結婚證到所在單位出具領取棉券、證去購買，按當年國家規定的標準補助相應數量的布票，男女都有補助，生育及死亡也同樣有補助。生育補助購布證是為出生嬰兒提供穿衣及背帶抱裙、小棉衣等，因他們出生時尚未發有布票，需要靠補助來解決。各地有各地的做法，有些單位出具證明，有的憑出生證，有的憑發票證，只要在補助範圍內，就按當年當地人均數量補助。

武漢市結婚布票

生育棉花票

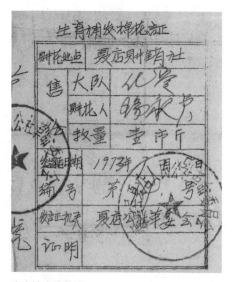

生育補發棉花證

江蘇省結婚補助棉胎專用券

結婚購物券票

這些票證是結婚人員使用的，如棉胎、布票、網套，很多還專門在證面印刷雙喜字。

武漢市舊棉絮供應憑證

武漢舊棉絮供應證

這張舊棉絮供應證由武漢市第一商業局於 1962 年印發，當時新棉花無法供應，為了部分沒有棉被過冬的人，用舊棉絮作為控購物資供應給困難群眾，以解決缺棉少絮之困。

線　票

在計劃經濟時代，棉花、棉布、紡織品，全部憑票供應，線也是棉紗製品，同樣需要憑票或購貨本購買。這些線票由雲南省商業廳發行。

雲南省線票

衛生衫褲票

二十世紀六十年代末七十年代初，衛生衫褲屬於中等衣物，很多家庭都沒有這種衣物，因當時國家紡織工業趕不上人民需要，生產並不多，加上棉花短缺、緊張，只好印發衛生衫褲票，憑票供應，分配給困難群眾禦寒。

台山縣衛生衫褲票

山西省購糧獎勵證（絨衣）

內蒙古自治區大人單服裝獎售購買證

內蒙古自治區中小人單服裝獎售購買證

單衣褲購買證、絨衣褲購買證

1962 年，每人一年發布票三尺六寸。有些困難群眾沒衣服穿，所發的三尺六寸布票，布只有二尺一寸寬，剛夠縫一條短褲。當時國家便採取發衣褲票的措施，購買時還是要收百分之十的布票。

上林縣單衣票證

單衣購買證

此票由上林縣港賢區公所於 1964 年印發。當年每人平均發放八尺布，縫得了褲子，縫不了衣服。因此國家對確實沒有衣裳穿的人印發單衣購買證，並限折七尺布票，這些證只有少數困難人群能夠分得。

蚊帳票

　　二十世紀五十年代前後，大部分蚊帳是用黃麻、苎麻人工紡線織成布，做成蚊帳的。縫成的紋帳十分笨重，空氣流通不足。經濟條件好的人家，可以用上紗羅或蠶絲等高級蚊帳，美觀、通氣、輕巧。到了六十年代，蚊帳靠分配，或用布票購買。

蚊帳票

鞋面布券

　　計劃經濟時代，布鞋都要憑票供應，很多家庭婦女自己動手做布鞋。鞋底可用破布打釘穿線做成，但鞋面都需要新布做，所以上海市發一尺二寸鞋面布票，給人們做新布鞋。

上海市鞋面布券

鞋　票

　　二十世紀六十年代，買一雙膠鞋或布鞋並不是件容易的事，因橡膠短缺，市場上各種物資緊缺，因此膠鞋、布鞋、塑料鞋都要憑票供應。買一雙布鞋，不但要憑票，還要收一尺二寸布票，但也有些布鞋票已帶有布票了。從 1963 年開始，農村集體若是多售了糧食給國家，則獎勵一些鞋票給農民兄弟，但數量也不多。皮鞋、馬靴當時更是高級商品，想要擁有一雙，確實是很困難的事。

青海省布鞋票

安徽省布膠鞋票

廣西僮族自治區鞋票

貴州省獎售膠鞋專用票

江西省城鎮鞋票

台山縣購鞋票

交售糧食油脂獎勵膠鞋票

1961 年山西省商業廳印發購糧獎勵膠鞋票，憑票可購買膠鞋一雙。1961 年國家對交售糧食油脂的單位或個人獎售一些緊缺商品。一雙大人鞋的票可購買兩雙小孩鞋，使購買小孩鞋的人們不吃虧。

山西省膠鞋票

馬靴專供證

　　這張馬靴專供證由內蒙古自治區畜產公司於1983年印發。這些物資專為牧民生產配用的。雖然已經改革開放，但這些皮革製品有時仍供應不足，還得憑票供應。

內蒙古自治區馬靴專供證

勞保用品票

棉花票、絮棉票

　　1954 年國家實行棉花統購統銷。統銷主要以棉布為主，剩下的棉花大部分用來加工成棉胎，實行憑票供應，要經過民主評定發票供應，結婚家庭憑結婚證，也同樣分配一床棉胎票。對於棉花供應很少的地區，主要給做棉衣、棉褲、棉背心及嬰兒抱裙等，這些棉花票大部分是出售農副產品的獎售票。

貴州省棉花票

浙江省棉花票

荊門縣民用棉花票

四川省棉花票

贵州省棉花票

南溪縣絮棉票   興文縣絮棉票

武隆縣衣絮棉票

安徽省定量絮棉票

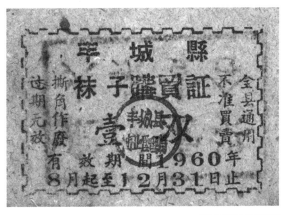

安徽省休寧縣基本定量棉花票

豐城縣襪子購買證

泰縣絮棉票

漢川縣棉絮票

納溪縣絮棉票

南坪縣棉花票

西安市棉花票

郇縣被套供應證

台山縣防寒補助專用票

武鄉縣貧下中農救濟棉花證

03 家用雜物

在憑票供應的計劃經濟時期，各種家用物品同樣需要憑票供應，包括：自行車票、縫紉機票（券）、手錶票、黑白電視機票、彩色電視機票、收錄機票、電冰箱票、洗衣機票、電風扇票、拷邊機票及各類家用雜物票。

自行車、縫紉機、手錶、收音機當時叫"三轉一響"，在計劃經濟時期，尤其是 1960 年至 1966 年，自行車、縫紉機是高等交通工具和特殊工業品，都是緊缺物資。當時是按分配及憑票購買，基本上每年按人員比例分配一次，大約是一千人口分配自行車一輛，縫紉機一架，手錶一塊。有些得票家庭因為沒錢買，就把票拿到黑市以高出國家供應價百分之六十至七十的價格進行出售。當時年輕人結婚有了這三大件（自行車、縫紉機、手錶）是最幸福、最體面的。曾有句順口溜："沒有三大件，婚事談不成；有了三大件，歡喜結良緣。"

自行車券

二十世紀五十至六十年代，農村基本沒有自行車，能擁有一輛新的自行車是一件可望不可即的事。

上海市自行車券

上海市自行車券

大同市礦區商業局飛鴿車購買證

上海市自行車三廠自行車券 鳳凰牌

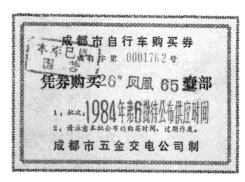

成都市自行車購買券

武壟公社單車購買證 五羊單車

武鋼商業管理處 自行車供應票 鳳凰87型

縫紉機券

縫紉機是每個家庭婦女最喜歡的物件，有了它，縫縫補補省時省力，所以經濟寬裕的人家都想擁有一架。但因為物資緊缺，若是想買縫紉機，沒有票是萬萬不行的。

上海市縫紉機券

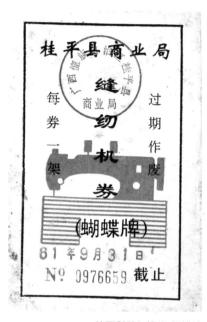

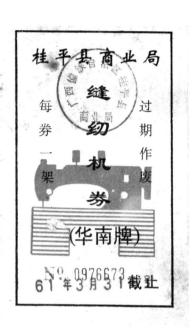

桂平縣縫紉機券 蝴蝶牌　　　　桂平縣縫紉機券 華南牌

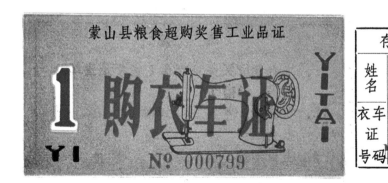

蒙山縣糧食超購獎售工業品證 購衣車（縫紉機）證

手錶券

　　二十世紀六十年代，手錶也是緊缺物資。進口手錶雖有部分出售，但價格高昂，大家都買不起。國產手錶雖價廉物美，但供不應求，因此必須按分配憑票供應。

上海全鋼防震手錶券

上海市滬產手錶券

桂平縣手錶券　上海牌

上海無線電十八廠金星牌電視機購買預約單

洛陽市電視機購買票

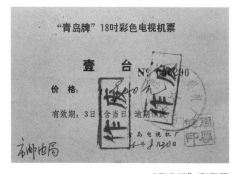

"青島牌" 彩電票

黑白電視機票

二十世紀七十年代的黑白電視機，是人們的"寵兒"，尤其在農村更是稀罕物件，如果誰家擁有一台黑白電視機，不論是白天還是晚上，村裏的大人小孩都會聚集到他家裏去看電視，既熱鬧又光榮，稍為富裕的家庭都想擁有一台電視機。但當時的生產還難以完全滿足供應，只好憑票供應，等到彩電問世並有供應時，黑白電視機才敞開供應。彩電需要預約訂購，但也有部分地區需憑票供應。

彩電票

這張"青島牌"十八寸彩色電視機購買票由青島電視機廠於1988年印發。當時正值群眾購買彩電的高峰期，彩電生產還趕不上人們的需求，而這種彩電的價格是一千九百二十元，沒有這張票還買不到。

電冰箱供應票

　　這張電冰箱供應票由武鋼商業管理處於 1987 年印發。當時我國的電子工業突飛猛進，但電冰箱生產滯後，所以此時還是需要憑票供應。

"香雪海" 單門電冰箱購買預約單

武鋼商業管理處電冰箱供應票

洗衣機購買票、預約單

長河牌洗衣機購買票

"水仙" 雙缸洗衣機購買預約單

鋼精鍋獎售券

　　鋼精鍋等製品，在使用各種票券購物時是不能輕易買到的，除了獎售及憑票供應，沒有其他途徑可走。百貨擺在貨架上，若沒有票券，就只能"望洋興歎"了。

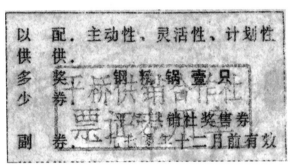

鋼精鍋獎售券

杉木水桶購物證

　　這張杉木水桶購物證由桂平縣石咀供銷社於 1961 年印發。杉木水桶、腳盆都是人們的日常必需品，二十世紀六十年代絕大部分家庭都是用木器傢具，在木材緊缺的地區，需憑票購買，還常常供不應求。

桂平縣杉木水桶購物證

燈泡票、搪瓷口杯票、熱水瓶票

　　不要小看燈泡票、搪瓷口杯票、熱水瓶票等小小的票證，在計劃經濟時期，沒有它們，就無法買到相應物品。

瀋陽市普通燈泡票

貴陽市電燈泡票

安徽省搪瓷口杯票

安徽省水瓶票

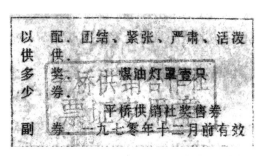

煤油燈罩獎售券

汽油燈獎售券

玻璃煤油燈罩獎售券、汽油獎售券

二十世紀六十至七十年代，各地電力供應不足，農村更談不上用電燈，部分地區的燈具要按計劃憑票供應。改革開放後，各地大力建設電廠，電力供應充足，城鎮、農村大部分地區都用上了電。九十年代末，原始燈具就進了博物館。

縫紉機針購物證

沒有這張票就買不到縫紉機針。有再好的縫紉機、再好的布料，沒有縫紉機針就不能發揮其作用。

桂平縣縫紉機針購物證

滅蚊藥片購貨券

　　這張滅蚊藥片購貨券由成都市電熱器廠於 1989 年印發。在改革開放大約十年之後，我國大部分物資都已十分豐富，但滅蚊藥片是新產品，上市後供不應求，得憑券供應，但不是分配物資。

成都市滅蚊藥片購貨卷（券）

衛生紙票

　　如今，衛生紙是人們生活的必需品。但在六十年代，只有婦女在使用，而且不能隨意買到，要憑票或購貨本供應。

十堰市衛生紙票

景德鎮市衛生紙供應證

上海市肥皂券

西安市洗滌票

南昌市肥皂購買票

肥皂券、香皂票、洗衣粉票

　　肥皂、香皂、洗衣粉的原料是油脂，由於油料作物及動物油短缺，無法大量生產供應，為了讓人們都能使用到，只好定量分配、發票供應。這種特殊票證，農民兄弟很少享受得到，有時可以用購貨證購買，按人按季度供應，也有人用工業日用品券購買。農民兄弟只好用土辦法，將茶麩擂成粉或野生洗手果來代替。

九江縣布證調換肥皂票

廣州市肥皂票

軍用香皂、肥皂購買票

　　這張軍用香皂、肥皂購買票由遼寧省商業局於 1964 年印發。當時香皂、肥皂緊缺，但為確保軍隊官兵安心保家衛國，寧願百姓不用都要解決他們的日用必需品，但也得用物節約，有一定的限度，並實行憑票供應。

遼寧省軍用香皂、肥皂購買票

香藥皂券

　　這張香藥皂券由上海商業局於 1963 年印發。"三年困難時期"，很多工廠因原材料緊缺，生產都跟不上需要，當時連肥皂這麼簡單的商品都供應不上，香藥皂原料更是困難，因此出現供求矛盾，不得不憑票供應。

上海市香藥皂券

木箱獎售券

木箱是每個家庭中不可缺少的物品。二十世紀六十至七十年代，木材緊缺，所以部分傢具，如凳子、木箱、洗衣板、捶衣棒等物品很少，供不應求，確實沒有傢具用的家庭必須憑票去購買。

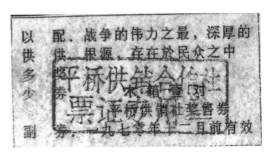

木箱獎售券

辦公桌供應證

這張三抽辦公桌票由廣西桂平縣石咀供銷社於二十世紀六十年代印發。當時木料緊缺，想用一張像樣的辦公桌，沒有這張票就沒法買到。這些辦公桌都是供單位使用的。

桂平縣辦公桌供應證

衣櫃供應證

　　二十世紀六十年代，廣西桂平縣石咀供銷合作社包括木材在內的各項物資出現緊缺情況，因此製作的三開衣櫃極少，除確實需要的單位外，只有少部分人能夠得到。

桂平縣衣櫃供應證

架木椅供應證

　　這張架木椅供應證由廣西桂平縣石咀供銷合作社於二十世紀六十年代印發。當時木材緊缺，想使用一根木頭都很困難，成材用來做傢具的木頭更少，所以想添一張椅子都得憑票供應。

桂平縣架木椅供應證

棕床票、床架票、腳盆票

這些票證由武漢市土產公司革命委員會於 1977 年印發，棕床一張，床架一副，腳盆一個，各個物品均需憑票購買。這些木器傢具在上世紀七十年代較為緊缺，需要憑票供應。

武漢市棕床票

武漢市床架票

武漢市腳盆票

煙花票

　　這張煙花票由河北省沙市市土產公司於 1992 年印發。當時很多地方的煙花爆竹已供大於求，但沙市地區還是供不應求，還是需要憑票供應。

河北省沙市市煙花票

水票、洗澡票

　　如碰上自然災害，例如旱情十分嚴重時，人們與畜類的飲水都會變得十分困難，都得靠外地用汽車或拖拉機、馬車、牛車運水支援，解決人畜飲水問題。為了解決人們飲水、用水問題，必須限制供給，憑票供應。有些地方為解決人們洗澡難的問題，專門開設了大浴堂，人們需憑沐浴票、澡票入內洗浴。

南京市甲種澡券

南京市普通澡券

太原市晉祠灌區水票

柳州市水票

大池洗澡票

　　這張大池洗澡票由宜昌市飲食服務公司於上世紀六十年代印發。這張票沒辦法分配給每個人，因燃料缺乏，不能滿足大眾熱水洗澡的需要，只好用收錢賣票的方式來限制人數。

宜昌市洛北區大池洗澡票

理髮票

　　1958 年公社化之後，一切人員都不准搞私活，理髮師也不例外，吃公社飯，幹公社活，工廠企業也一樣。在農村及工廠企業中，理髮師的本職還是理髮，但是不得收現款，人們只能憑票理髮了。

農業生產合作社工票　理髮票

新鄉市甲等理髮票

徐州九里山採石廠職工理髮票

理髮票（光頭）

　　這張理髮票由第一砲技校於 1954 年印發，規定剃光頭。專票專用，不得更替。

第一砲技校理髮票（光頭）

刮臉票

　　這張刮臉票由開灤建築材料廠於上世紀六十年代末七十年代初印發，單位在福利專項中有理髮票、刮臉票發給工人，男女同等享受，當時理一次髮一角五分錢，刮一次臉一角兩分錢。

開灤建築材料廠刮臉票

其他生活物資購買證

江蘇省憑券取箱、交箱換券通用卡

福州市商品購買票

成都市塑料布供應證

福州市麻袋票

豐城縣襪子購買證

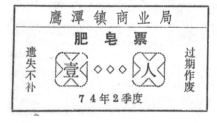

鷹潭鎮生活用票

04 肉票

從 1958 年開始，由於豬肉緊缺，供不應求，人們需要憑票定量購買豬肉。城市居民、工廠、學校、機關、團體，每人每月供應一斤或八兩、六兩、五兩、四兩。農村社員靠集體養的豬上交完成任務後，每月宰殺一至兩頭，集體飯堂統一開飯，每人每次可分得二至三兩豬肉。當時豬下水也不能任意多買，都是憑票供應，甚至豬骨頭也要憑票購買。肉類雖然緊缺，但政府對特殊人員還是給予了照顧，如產婦肉票、病人肉票、肝類病肉票，六十歲以上老人肉票、老紅軍、老幹部肉票等。家裏有人去世時也可在公社大隊出具證明去購買三至五斤豬肉。

到 1961 年 7 月，國家允許個人養豬，實行購一留一政策來解決吃豬肉問題。憑生豬派購證及生豬收購證，批准農戶宰殺一頭豬自己吃或拿出來賣。

公母豬補助肉購買憑證

廣東省雲浮縣 1977 年印發的公母豬補助肉購買憑證，供養殖公母豬繁殖豬苗的人買部分豬肉。

雲浮縣豬肉票（公母豬）

種豬肉票

湖北省紅安縣於 1963 年印發的獎勵種豬肉票，專門為照顧種豬即公豬母豬養殖人員使用，每年每月發給種豬養殖人員一定數量的肉票去購買豬肉。

紅安縣獎勵種豬肉票

返還肉票、自留肉票

　　在豬肉需憑票供應的時期，靠集體養豬無法解決豬肉供應問題，於是國家開始提倡"要想多食肉，就得多養豬"。養豬戶購一留一的政策轉變後，便不准養豬戶自己宰殺生豬，要全部賣給國家，國家按照百分之二十的比例給養豬戶發肉票，由養豬戶自己支配去購買豬肉，這種肉票就叫作返還肉票，或自留肉票。

德陽縣返還肉票

四會縣賣豬留肉票

豬雜、豬頭肉、豬腸、豬骨頭票

在豬肉實行憑票供應時，豬雜、豬腸、豬頭肉，甚至豬骨頭都是很寶貴的東西。

武漢市出售牲豬留肉專用票

廣東省豬骨頭票

廣東省四會縣豬什（雜）票

這枚二市兩豬什（雜）票由廣東省四會縣於 1962 年發行。當時豬肉短缺，豬什（雜）也同樣短缺，實行憑票供應。

廣東省豬什（雜）票

特殊肉票

在計劃供應年代，除了正常發給個人肉票外，還給病人、產婦、六十歲以上老人，以及結婚、懷孕、死亡人士，華僑匯款補助及回國華僑等相關人員，發放特殊肉票。

橫江產婦豬油供應證

橫江產婦嬰兒食品供應證

貴陽市產婦病人肉票

南京市產婦葷食品票

廣州市老紅軍、老幹部肉票

戰備獻血人員營養補助肉票

武漢市六十歲以上老人專用肉票

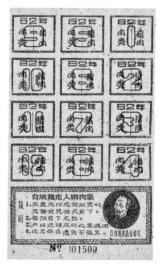

老人購肉票

老人購肉票

　　1962 年廣東省台山縣食品公司對六十歲以上老人專門印發購肉票，這是中華民族傳統美德代代傳承的體現。這類肉票不但是對老人的一種照顧，也是對青年一代的一種教育。

廣西華僑肉類供應證

　　這張三錢肉票僑匯商品供應證由廣西僮族自治區發行。國家為了鼓勵海外同胞寄外匯回國，按在國際交易所匯外幣的比例給僑匯家屬發一些糧、油、肉、布、煙、工業券等票證，可購買緊缺物資。

廣西僮族自治區僑匯商品供應證

福建省僑匯物資供應票

福建省僑匯物資供應票

　　這枚三錢肉票是上世紀六十年代福建省給歸國華僑發的特種供應券，華僑同胞回到祖國也會受到特殊照顧。

柳州市保健肉票

各種節日特殊肉票

沙市市春節臘肉票

柳州市春節肉票

各地肉票

洛陽市漢民肉票

九江市凍豬肉券

貴陽市集體專用肉票

德封縣肉票

恩平縣購肉票

江陵縣肉票

貴陽市食肉票

凱里縣售肉單

合川縣肉票

三台縣肉票

昆明市肉票

柳州市肉票

石首縣兌現肉票

武漢市肉票

雅安市肉票

鬱南縣肉票

雲浮縣豬肉票

重慶市肉票

蚌埠市雜肉票

成都市臨時肉票

抚顺市豬肉票

肝炎病副食品卡

灌縣（今都江堰市）肉票

定安縣定量肉票

桂林市售豬回銷肉票

哈爾濱市肉票

安陽縣肉食券

澧縣豬肉供應券

洪湖縣職工營養票

南寧市肉票

平鳳公社豬主肉票　　綿陽市優待肉票

廈門市肉票

平南縣肉票

上海市獎勵肉票

溆浦縣瘦肉票

順昌縣憑票供應證明

鐵嶺縣肉票

蕪湖市肉食品券

烏魯木齊市豬肉票

武勝縣居民肉票

西安市豬肉供應票

資陽縣購肉證

漳州市肉票

各地軍用肉票

新疆自治區軍供肉票

廣東省海南行政區軍用肉票

福建省軍用肉票

廣州軍區生產建設兵團第五師第十團流動購肉票

牛肉票、羊肉票

漢族有豬肉票可以購買豬肉，國家對回族等少數民族也發牛肉票、羊肉票，這是民族大團結的體現。

烏魯木齊市牛羊肉票

新疆自治區羊肉票

北京市羊肉票

西安市牛羊肉票

清水河縣羊骨架票

鞍山市蛋票

蛋　票

1958年"大躍進"之後，只有集體養殖場供應禽蛋，但飼料不足，科技不夠，產蛋不多，因此蛋類供應困難，只能憑票供應，供應數量有限。

天津市購蛋證

安陽市蛋品供應券

北京市雞蛋票

生豬、鮮蛋派購證

　　在計劃經濟時代，生豬、鮮蛋是二類物資，國家對公社、生產隊和農民實行派購政策，農民賣一頭豬（一百三十斤以上）給國家後，允許留一頭自食或屠宰到市場去出售，這便是購一留一政策。

四會縣生豬派養證

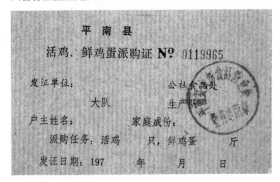

平南縣活雞、鮮雞蛋派購證

昆明市雞票

合肥市其他肉類票

家禽票

在計劃經濟時代，糧食及飼料少，當時私人養雞也很少，全靠集體飼養。因當時養殖水平不高、飼料少、生長慢、出欄少，要想殺隻雞來改善生活都很困難，就算有部分供應，也並非家家戶戶都分配得到，這種情況使雞的身價大大提高。

上海市節日凍禽供應券

凍禽票

這張凍禽票，由上海市禽類蛋品公司於 1988 年印發。為了讓幹部及特殊人員在節日期間過得愉快，故發票給他們，可以購買一隻凍禽，打打牙祭。

豬油票

　　豬油票基本上是用以照顧賣豬給國家的農戶。因油料緊缺，得票買到豬油後，煉成油用於煮菜。當時很多農民都想要豬油票，不願意要肉票。

浠水縣豬油票　　　　　　　高鶴縣固定油票

沙市市豬油票　　　　　　　泰州市豬油票

郷寧縣售蛋糖票

蛋糖票

　　這張一兩售蛋糖票由鄉寧縣於 1974 年發行，憑證結算雞蛋派購任務。派購雞蛋任務為一兩，說明當時的雞蛋十分稀缺。

魚　票

上海市魚票

　　從"三年困難時期"開始，由於糧食產量長期上不去，漁業生產受到糧食生產的影響，也長期處於短缺的狀態，魚類產品供求關係失衡，魚蝦很稀缺，在農村養魚也沒多大指望，所以發魚票的情況也很少，甚至有些地區沒有魚票發。農村生產隊有魚塘，集體養魚的生產隊每人一年可有一到兩斤分配，沒有魚塘的生產隊就很少能吃到魚了。

武漢市地方魚票

魷魚票、龍蝦票、淡菜票

　　遼寧省鐵嶺市水產公司於 1989 年春節發魷魚半斤,龍蝦一斤,淡菜半斤,這三種屬於海味,在當時比較名貴。當時雖然已經改革開放,但很多物資還是無法滿足人民的需要,仍需憑票供應。

水產品購貨票

鹹魚證

　　這張鹹魚證由廣東省肇慶市水產公司於 1979 年印發。當時雖然已經改革開放,但水產業還是跟不上人民的生活需求,這張魚票雖未標明數額,但還是成了鹹魚都要憑票供應的歷史憑證。

肇慶市鹹魚證

福建省部隊專用魚票

墨魚票

　　這張半斤墨魚票由四川省渡口市（今攀枝花市）商業局於 1977 年印發。當時豬肉、油料、蛋品都很短缺，墨魚成了對產婦來說很寶貴的營養補品。

渡口市產婦墨魚票

沙市市魚票

春節商品供應大票

　　1962 年上海市發給市民過春節的各種副食品供應證，分大戶、小戶（五人以上為大戶，四人以下為小戶）共有十六個品種，分別是家禽、乾果、蜜餞、蛋品、乾菜、白酒、海味龍頭烤、粉絲、味精、黃酒、海蜇、大水果、啤酒、海帶、小水果、糖年糕。

◎　大戶票

上海市大戶票

05 燃料建材類

柴油票、石油票、汽油票

　　當年只有集體才能擁有機械、汽車、拖拉機，也才需要機油。但當時我們國家的口號是"自力更生"，不靠進口。當時只有現在十分之一的機械及動力，柴油、汽油還是緊缺，必須依照動力、機械、汽車、拖拉機的使用情況進行定量限量，實行憑票供應來度過難關。

廣西區石油公司 70 號汽油票

廣州軍區汽油票

中國人民解放軍軍用油票

昆明市人民汽車公司汽油票

西疇縣石油購買券

成都軍區價撥指標油票 0 號柴油

成都軍區價撥指標油票 70 號汽油

德封縣煤油購油證

天長縣煤油票

柳城縣煤油票

煤油票

　　二十世紀五十至七十年代，農村及小城鎮，晚上主要用煤油燈照明，煤油的供求矛盾長期存在，加上“三年困難時期”，不進口美孚煤油，中國煤油非常緊缺。為了全面解決居民的照明問題，國家實行限制定人定量供應或憑購貨本供應煤油，每人每月二至四兩不等。有些邊遠山區，還沒有供應的時候，人們只好上山砍松樹上的松針，因為松針帶有松香，可以用鐵絲編織一個小圓篩籃，放些松針掛在牆上，點燃後做照明用。

福建省軍用煤油票

上海市煤油爐券

西藏自治區煤油券

伊克昭盟燈用煤油票

購糧獎售煤油票

　　這張五兩獎售煤油票，於 1961 年由廣西商業局印發。因為當時煤油緊缺，若想多用煤油，就得賣些農副產品給國家，國家獎勵一些煤油票，憑票購買煤油。

火柴票

　　小小一盒火柴，在"三年困難時期"曾一度緊缺，居住在火柴生產工廠周圍的群眾也同樣受到限制，只能憑票供應或憑購貨本購買，每人每月一小盒。是否有人抽煙成了一個家庭火柴需求量的重要指標。即使是人口多的家庭，若是沒人抽煙就用不完；有時雖然是一兩個人的小家庭，一旦有人抽煙，就不夠用。

　　打火機用的火石，也同樣靠分配供應，不過火石沒有實行憑票供應，只是憑購貨本按家庭抽煙人數供應，每個抽煙的人每月二至三粒。在這種限制供應下，也同樣出現了火柴、火石黑市，火柴原價兩分一盒，黑市價兩角錢一盒；火石兩分錢一粒，黑市

賣一角錢一粒。有些人則想辦法自
留火種，找些乾雜草或稻草，結成
一條粗大的長繩，點燃火後，等它
慢慢燃燒，隨時可取火用。更有少
部分抽煙的老者，學原始辦法，用
火鐮及石頭打火，裝上易燃品，用
擊石出火的辦法來解決用火問題。

煤　票

　　煤炭不僅是工業燃料，也是城
鎮居民的生活燃料，實行憑票供應
的時間較長。煤票一直使用到二十
世紀九十年代初，按人口定量供
應，其中有原煤、紅爐煤、蜂窩
煤、煤球、煤餅等。不同地區每人
每月的定量不同，有些省市每人每
月發蜂窩煤票額二十至二十五個。
有些地區對打鐵及鑄造業還會特地
發紅爐煤票。

巴東縣收購農產品獎售專用票

柳州市購煤票

局機關專用煤票

海口市煤票

机关职工 煤炭票 过期作废

79年 **9** 月 贰拾斤

洪湖縣機關職工煤炭票

成都市購煤證

南昌市煤票

雅安市蜂窩煤供應證

上海市部隊家屬探親臨時煤製品補助票

南昌市煤票

雲夢縣民用煤票

濟南市煤票

進賢縣民和煤球票

南寧市煤票

重慶市中區居民煤票

重慶市南岸區生活用煤票

救災煤票

　　這張救災煤票是潁上縣燃料公司於二十世紀九十年代初印發的，面額為一百公斤。因當時當地發生嚴重災情，人民群眾沒法找到燃料做飯，燃料公司為了解決人們日常生活的困難，印發了這張救災煤票。

潁上縣救災煤票

柴票、炭票、引火券、煤氣票、液化石油氣票

　　柴票是在公社化後印發的，當時一切山林歸集體所有，禁止亂砍濫伐，柴火屬集體所有，市面上沒有柴賣，由集體憑票分配。

木材公司燒柴票

濰坊市柴票

柴炭提貨單

　　木炭是一種難得的物品，為照顧上山下鄉的知青，在冰霜雪地用來烤火取暖使用，並非人人都有，所以炭票更顯珍貴。

蠶桑木炭供應證

在計劃經濟時期，一切歸集體所有，碎柴火也不許私人拿一根。燒煤的人需要起火，當時引火用的木柴也緊缺，必須憑券供應，直至上世紀八十年代中期才敞開供應。

木材公司鋸沫票

煤氣票，即液化石油氣票。改革開放後，進入上世紀九十年代初，人們開始使用煤氣或液化石油氣做燃料。液化石油氣乾淨衛生，無污染，是理想的燃料，當時因供應不上，必須憑票供應。

饒平縣購氣票

鋼材票

鋁　票

鑄造生鐵票

鋼材票、銅材票、鋁材票、鋅材票、生鐵票

　　國家物資總公司和中國金屬材料公司於上世紀七十年代印發了鋼材票、銅材票、鋁材票、鋅材票、生鐵票。當時"文化大革命"剛結束，百廢待興，建材供不應求，必須實行有計劃的定量供應，而且僅限國家級單位有權發放這種金屬材料票證，地方只有少量圓釘票、鐵線票等的發放權。

鋅　票

茹耳木票

　　京山縣林業局於二十世紀八十年代印發這種木材採伐證，注明茹耳木十筒。茹耳木是繁殖香菇木耳等的原材料，規定長度按數量砍伐、運輸、銷售。這是木材管理的一種制度。

京山縣茹耳木票

石灰票

　　二十世紀五十、六十年代，因柴草燃料緊缺，人們日常的燃料如柴、草、煤、炭等實行按人定量供應。燒石灰的燃料在南方主要用柴草，北方用煤，加上燒石灰的燃料用量大，因燃料短缺，燒石灰的量也隨之減少，石灰生產無法滿足工農業生產及人們的日常需求，只有按產量進行定量供應。

松滋縣石灰票

徐州市石碴票

石碴票

　　這張石碴票由徐州市社會福利建設採石廠於1957年印發，面額為一筐。本來石料遍地都是，為什麼要憑票供應呢？主要原因是計劃經濟時期很少安排勞力去開採，致使供求不平衡，不得不憑票供應。

炸藥（炮）卷（券）

火藥、雷管券

　　這兩張火藥、雷管券由焦西礦局於1964年印發。火藥屬於爆炸品，按國家法律規定嚴格管理，任何單位及任何個人不得私自生產及收藏，否則便屬違法行為。從這兩張票可以看出，它們均屬礦山所有，炮眼數量經檢查屬實，才按炮眼數量發放使用，不能隨意領取。

雷管券

桐油票

很多人不知道桐油的大用處，只知道是用來為一些傢具及木水桶、木腳盆等上油的，但農民要用桐油，還得定量分配、憑票供應。一張票面半斤的桐油，可夠處理一對木水桶或一個木腳盆。

大冶縣桐油票

茅竹採伐證

這張茅竹採伐證由萬安縣林業局於 1989 年印發，面額十根。自《中華人民共和國森林法》頒佈後，對木材、竹材的砍伐，需申請批准並領取砍伐證，按批准的數量砍伐，無證亂砍濫伐則要追究法律責任。

萬安縣茅竹採伐證

楠竹證

這兩張楠竹證，分別為楠竹作材料所用，枯楠竹還可作補充用途，但次楠竹是沒有多大用途的，只可作柴火使用。當時柴火供應不足，當然也得憑票購買了。

南縣楠竹證

竹子證、篙竹證

安鄉縣竹子證

南縣篙竹證

這些竹材都要實行憑票供應來進行流通，連不能作材料用的枯竹也要憑票供應。一根竹子可用來晾曬衣服，需篙竹證才能買到。

木材流通券

貴州省木材流通券

雲南省木材票

二十世紀八十年代中期前，改革開放剛剛三五年，各項建設開始復甦，各地大興土木工程建設，需要大量建築材料，木材尤其供應不上，需憑票供應。直到上世紀八十年代末，木材才全部敞開供應。

購木證

　　為保護自然環境，保持
水土生態平衡，有效制止亂
砍濫伐，砍伐樹木要有嚴格
的審批手續，購木更要憑計
劃供應。

南縣購木證

坑木券

　　坑木是礦山開礦井時的
撐頂材料。這些坑木券由焦
西礦於 1964 年印發，供內
部使用。

焦西礦材料定額卷（券）

筐片簾捲購買券

　　1964 年焦西礦印發筐片
簾捲購買券，面額一元、五
元、十元不等。票中印有 "精
打細算，降低成本" 字樣及算
盤一個。當時物資短缺，需
憑票供應，還用圖中這個算
盤提醒人們：要珍惜財力物
力，不得浪費。

焦西礦筐片簾捲購買卷（券）

06 農業用品類

各地飼料票

在糧食定量的年代，牲口也不例外，不得多食多佔，如一匹勞動的馬，每月定量統糠一百五十斤；不勞動的老馬及幼馬減半供應。生豬分大、中、小三等定量供應飼料，小豬每月十五斤，中豬每月三十斤，大豬每月四十斤，母豬每月五十斤，均是供應統糠，各地亦有不同標準，有些地區用麥糠或豆餅搭配供應。集體養的雞、鴨也有部分飼料供應，個別私人家庭飼養的雞、鴨、鵝、狗，國家就無法安排飼料供應了。耕牛是農家寶，一年到頭拉犁拖耙，人們萬分感謝牠們，但糧食類規定中沒有為牛安排飼料供應。

軍用馬料票

貴州省飼料票

貴州省地方料票

河北省飼料票

陝西省通用料票

廣西省料票

廣西壯族自治區地方料票

山西省料票

濟南市飼料票 山東省料票

寧波市奶牛飼料票

浙江省飼料票

甘肃省地方料票

吉林省地方料票

內蒙古自治區地方料票

黑龍江省地方料票

湖南省飼料票

青海省地方料票

熱河省（今遼寧省、河北省、內蒙古自治區交界處）地方料票

上海市飼料票

西藏自治區地方料票

雲南省飼料票

四川省地方料票

各地農業物資購買
票證卡券

四川省耕牛購買卡

保定市肥豬飼料購買證

嘉魚縣農業生產資料購貨券

瑞昌縣飼料票

沙洲縣精細飼料票

湖北省地方通用料票

二兩半化肥票

　　這張二兩半化肥票是 1962 年文成縣供銷社印發的油料獎勵化肥票。上世紀六十年代國家化學工業還很落後，化肥大部分靠進口，因此從這張獎勵二兩半的數量就可以看出當時國家化學工業的發展情況。要知道，這張二兩半化肥票是要靠賣油料給國家才能得到的，如沒有農副產品出售給國家，這二兩半化肥也是買不到的。

文成縣油料獎售化肥票

無錫縣農具券

無錫縣糞勺券

無錫縣糞桶券

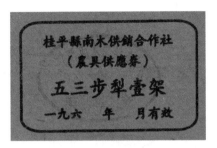

桂平縣五三步犁供應券

桂平縣鐵耙供應券

五三步犁供應券、鐵耙供應券

這些都是農具，農民用來種田地的工具，耕種、收割少不了它們。當時是計劃供應時期，鋼鐵材料緊缺，生產出來的各種農具不能滿足農民需求，要實行憑票供應或獎售供應。

桂平縣十字鎬購物證

十字鎬購物證

1963年桂平縣南木供銷社印發十字鎬購物證，十字鎬是挖土石最好的工具，因它是由全鋼打製而成的，當時生產也比較少，加上鋼鐵指標限制，這張票可以略微反映當時鋼鐵用具的使用情況。

鋤頭購物證

桂平縣石咀供銷社於 1961
年印發鋤頭票，當年正值 "三年
困難時期"，鋤頭是農民種田的
必用工具，但當鋼鐵緊張時，不
管你多麼急需，也還是需要憑票
供應。

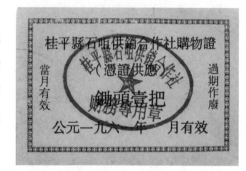

桂平縣鋤頭購物證

棕皮簑衣購物證

1961 年桂平縣石咀供銷社
印發棕皮簑衣證，棕皮簑衣是較
好較耐用的雨具，一件棕皮簑衣
可使用十多年。因很少人會生
產，加上大集體時期不把這些事
列入生產範圍，因此物以稀為
貴，一般百姓怕是輪不上的。

桂平縣棕皮簑衣購物證

平橋供銷合作社獎售券

平橋供銷合作社獎售券

　　這些東西都是農民所需要，並由自己加工的。在大集體年代，一切人力物力均是集體所有，沒有私人原材料，不准個人搞私活，只靠集體組織部分人員去加工。加工出來的東西也不夠分配，只好實行憑票供應或獎售供應，有些地區不用實行憑票供應，靠集體生產集體分配。

肥料票

　　二十世紀六十至八十年代，中國的化肥大部分靠進口，國家為發展農業生產，只有按農業田畝分配，但還是供不應求。國家為了多收購部分糧食、棉花、油料，把部分化肥作為獎勵使用，如多賣一百斤稻穀給國家，獎給你十五斤化肥票（尿素）；多賣十斤花生油給國家，獎你十斤化肥票。有些地區獎勵布票，有些地區獎勵棉花票、鞋票、煤油票等。

高縣碳銨供應票

上海市糧食國家定購化肥票

開封市氨水票

柳州市獎售化肥票

廣西僮族自治區化肥獎售票（磷肥）

硯山縣承包土地掛鈎碳銨票

太原市糧油獎售化肥購買票

獎售化肥票

武宣縣三里糧所於 1988 年印發公購糧獎售化肥票，此時肥料在該縣尚未滿足供應，政府為了公糧及購糧早日入庫完成任務，拿部分氮肥作獎售供應。

武宣縣公購糧獎售化肥票

清尿票

成都市清潔管理所於 1979 年 12 月印發清尿票（一千斤）。大家看到這張清尿票可能要笑：尿這麼臭還要憑票供應？但在計劃經濟時期，工業不發達，化肥少，搞農業生產缺不得肥料。肥是農家寶，肥料足，農業就會有好收成，農民的生活就好過。因此農業單位就會想到去城市環衛處求助，一般情況下環衛部門難以滿足要求，要按計劃憑票供應。改革開放後工業科學發達，化肥能滿足需要，大糞和清尿沒人要了，政府得設法找地方處理，與之前對比起來真是變化巨大。

成都市清尿票

大糞票

在農業學大寨的年代，因當時化肥不足，大家都得利用大糞進行農業生產。因此就得找城市環衛處憑票供應。

蕪湖市拾糞證

成都市大糞票

襄樊市糞票

人糞票、豬糞票

　　1963 年福建省福州市建新人民公社後曹生產隊印發了這兩張人糞、豬糞票，按當時舊制，七磅等於四斤半，在工業落後的農業大國，化肥靠進口，連糞便都要憑票分配供應。

福州市人糞票

福州市豬糞票

粉渣票、米渣票

　　這兩種票分別由徐州市釀酒廠和蚌埠市糧油公司印發。釀酒廠釀完酒剩下的廢渣沒有什麼大用途，只可作飼料。由於求大過供，只好實行憑票供應。

徐州市米渣票

蚌埠市粉渣票

桂林市豆腐渣票

豆腐渣票、酒糟證

這兩張票證分別是桂林腐乳廠及恭城縣酒廠印發的，在飼料緊缺時，酒糟、豆腐渣都是上等飼料，其身價也提高了，實行憑票供應並不稀奇。

桂林市酒糟證

奶牛飼料票

寧波市糧食局印發的奶牛飼料票，即是從國家糧食部門抽調些糧食平價供應給奶牛作飼料，以提高牛奶產量，滿足市場需要。

寧波市奶牛飼料票

成活小豬飼料糧供應證

萬寧縣糧食局於 1971 年印發成活小豬飼料糧供應證，是為了鼓勵個人養母豬，發展養豬業，以解決人們對肉類及油料的需求問題，對出生成活的每頭小豬補萬寧縣助原糧（稻穀）五斤作為精飼料。

萬寧縣成活小豬飼料糧供應證

派購豬飼料供應證

　　在生豬實行派購的年代，廣東省順德縣按戶及人口定派購任務，約三人每年要養一頭豬賣給國家。但養豬需要飼料，因此國家按大、中、小三個等級供應豬飼料，不得多買。從這張供應證就可看出當時豬飼料都要憑票供應的實況。

順德縣派購豬飼料供應證

小牛出生證

　　廣東鬱南縣附城公社於 1967 年發放小牛出生證。為什麼小牛出生有證明呢？當時農業機械比較落後，靠牛來耕田，所以必須發展畜牧業，這張小牛出生證第四點明確規定，該小牛出生六個月成活，才有獎勵。第五點獎勵每頭小牛減免七十斤公糧金額的獎勵款，並規定其獎勵全部給飼養員，這樣每個飼養員都會積極保護好小牛及母牛。

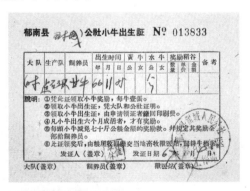

廣東省鬱南縣小牛出生證

農牧業用鹽專用票

　　為了照顧農牧業，國家專門給耕牛、羊等牲口配發食鹽，國家對此種用鹽實行減免稅收，不准人食用，若查出人食用，則按稅法處理。

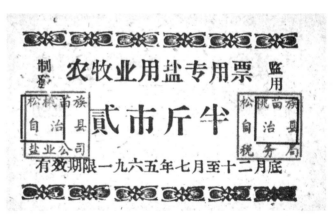

農牧業用鹽專用票

工分票

　　農業轉入合作化後，農民勞動實行按工分計酬，種田為農業包工工分；養豬、雞、鴨、鵝為副業包工工分；基建修理為基建包工工分；零星工種為非包工工分。這些工種的工分，按照生產大隊代表會制定的勞動定額為標準，每個工種都有勞動定額，如種一畝田，定額為三十分工分，記分員就把三十工分票交給去種田的人，三人或五人去種，按規格、質量、數量種完後，由這幾個人評比，分這三十分工分票，各自保管。到月終，各人把自己一個月勞動所得的工分票，交給記分員記賬，到年終按工分分紅。

勞動時間票

副業工分票

農業生產合作社工分票

農業社非包工工票

農業生產合作社基建工票

農業生產合作社包工工分票

覺悟票

　　這種工分票是為了考核勞動好壞，分紅綠兩種顏色。對勞動好、踏實、幹勁足的人，發紅色票；對勞動差、沒幹勁，不能按時上工的人，發綠色票。這兩種票是評判好與壞、積極與散慢的見證。

覺悟票

幹部會議誤工工分票

　　江寧縣上峰人民工社於1964年發行這一種幹部會議誤工工分票。當時農村 "人民公社"、大隊小隊幹部是靠勞動獲得工分分紅、維持家庭生活的。參加各種會議，耽誤了勞動工作，就記回工分，回生產隊入賬、年終按工分分紅。

江寧縣幹部會議誤工工分票

義務勞動工票

　　為什麼義務勞動還要發工分票呢？當時公社一級需要勞動力去做工，如修橋補路、興修水利等，從生產隊抽調小部分勞動力去參加。如果生產小隊不給工分有誰肯去幹呢？不但給的工分比在隊裏勞動的工分高，而且還要補助些糧食才有人肯去，所以這種工分票叫做義務工票。雖說是生產小隊的義務勞動，社員還是會要工分，到年終用來分紅的。

義務勞動工票

代耕工票

　　這種代耕工票由臨汾縣人民政府於1951年印發。當時這種最早的工分票是為了優待農村種田的無勞動力、軍工烈屬的，政府請人幫他們做耕田收割等工作。政府按工種時間付工票，做工者每季度將工票拿到村鄉優撫委員會去兌錢或領糧食。

臨汾縣代耕工票

蔬菜工票

二十世紀五十年代末六十年代初期間，各地農業社生產大隊都改成大集體，吃大鍋飯，實行按工種包工定工定酬的辦法。這張票是種菜工票，經統計工分可知道社員全年種了多少菜、用了多少工。

蔬菜工票

牧牛工票

從成立農業合作社開始，牧牛都是固定工分的，分水牛、黃牛、小牛來確定每頭每天的工分。養多少頭，每天共多少分，按統一的標準計算。當時飼養牛的分三種人：一是用牛的人，早晚耕田；二是半勞動力、常年有病的病人或殘疾人；三是老年人及小孩。牧牛工票專為飼養員印發，便於生產隊做年終統計。

牧牛工票

煙票、糖票等副食品票

煙票

在計劃經濟時期，尤其是"三年困難時期"，煙民們也要精打細算，因為香煙也要實行定量供應。好的捲煙在市面上基本沒有擺賣，只在友誼商店（華僑商店）有賣，但價格昂貴，只按兌換券或僑匯供應證供應。

在市面上出售的捲煙有紅燈牌、轉運牌、經濟牌等。經濟牌香煙雖不需用煙票買，但此煙基本不是用煙葉捲成的，而是用煙粉、煙梗等材料切碎捲成的，即便如此，這種煙有時還沒有供應。香煙不僅需要憑票供應，還分甲、乙、丙三級，農村煙民沒有煙票，只好買經濟牌香煙，如果經濟牌香煙沒有供應，只有自力更生，找集體種煙收完後的煙稈、煙梗切碎或搗成粉，用旱煙斗來抽。煙癮大的煙民經常"斷頓"，只好找野生艾草曬乾搓成粉來替代了。

1963 年起，國家為了照顧農村煙民，對多賣糧及農副產品給國家的農戶，獎勵一些煙票，當時有句順口溜，說："想吸煙，少吃飯。"

結婚糖果票、結婚煙票

　　這種結婚糖果票、結婚煙票由武漢市第二商業局於 1962 年印發。國家特為結婚的人們印發結婚糖果票一份，結婚煙票一份，一份有多少則視當時的物資情況而定，使結婚者有糖有煙可以待客。沒結婚的就無法享受這種待遇了。

武漢市結婚煙票、結婚糖果票

煙絲票

　　在捲煙緊缺憑證供應的年代，煙絲也同樣緊缺，這張二兩煙絲票由蘭州市商業局印發。不要小看這張煙絲票，對煙民來說這二兩煙絲可是十天左右的"口糧"。

蘭州市煙絲票

獎勵煙票、節日煙票、特種煙票

山西省購糧獎勵證 紙煙票

福建省秋糧獎售煙票

貴州省出售木材獎售香煙專用票

西安市節日捲煙特供票

太原市捲煙照顧證

江蘇省糧棉油獎售煙票

湖北省襄陽獎售農副產品專用票 香煙壹盒

安徽省獎售香煙票　　上海市華僑特種供應票 煙票

煙筒票

　　二十世紀六十至七十年代，捲煙、煙絲供應對煙民來說是個問題。老煙民一時沒煙吸，周身不舒服，所有捲煙定量分配，實行憑票供應，農民基本沒有煙票發，連次品煙絲也要憑票供應。煙筒是抽煙的工具，在實行憑票供應的年代，它也要憑票購買。

北京市煙筒票

糖票

　　糖雖甜美，但不能當飯吃。食糖短缺時，對正常人構不成什麼威脅，但食糖對老、病、殘、弱人群來說，卻不可缺少。在物資短缺時期，食糖也同樣需要憑票供應，城市人口包括所有非農業人口，每人每月定量半斤，有時一斤；農業人口憑購貨本供應每人每月半斤。1960 年至 1962年基本很少供應食糖。

嬰兒糖票

貴陽市嬰兒糖票

南昌市嬰兒糖票

昆明市城鎮嬰兒糖票

西安市嬰兒食糖票

產婦糖票

天門縣產婦糖票　　監利縣產婦食糖專用票

福州市分娩專用糖票

渡口市（今攀枝花市）產婦紅糖票

特需糖票

老紅軍、老幹部食糖票

武漢市食糖號票

兒童糖票

　　除每人有一份糖票（但並不是經常供應）以外，南寧市食品雜貨公司於 1964 年印發了這種兒童糖票，是政府為了照顧兒童，使其能夠健康成長而印發的。

南寧市兒童糖票

紅糖票

和林縣紅糖供應票

鄭州市紅糖票

售蛋糖票

由於病人、小孩、老人等群體對食糖有需求，政府為解決這一問題，用食糖指標來兌換農民的蛋品，這種票券就叫做售蛋糖票。

鄉寧縣售蛋糖票

糖精片票

　　這種糖精片票由中國糖業煙酒公司上海市公司於 1963 年印發，分大戶、小戶，雖然未標明面額，但也不會過多供應。糖精是礦物糖，又屬調味品，在食糧緊缺時很多人都想購買，但當時在小城鎮及農村基本沒有供應，只有在大城市才有微量供應，需憑票領取。

上海市糖精片票

平南縣白糖票

酒票

在計劃經濟時代，糧食緊缺，玉米、紅薯、高粱等都被列入主糧，釀酒原料少，供不應求，所以各種酒類也同樣憑票供應，但所發酒票並不多，也不是每個人都發。每逢節假日，發放的節日供應票中有一份是酒，可以買一瓶酒。如果不喝酒，可換購半斤粉絲或餅乾。

當時所發的酒票大多是普通酒類，白酒票、黃酒票等，進入上世紀七十年代末八十年代初，啤酒、汾酒、西鳳酒、竹葉青酒、土酒、茅台酒都可以憑票供應了。

白酒票

1978年，臨海縣糖煙酒菜公司印行了以糧換薯乾酒票，這枚票證標明的半市兩白酒並不是主糧釀的，這半兩酒不但要糧食換，還要憑票購買。想一想喝這半兩雜糧酒，可能都未夠一口，可見當時想要喝些酒有多麼困難。

臨海縣以糧換薯乾白酒票

福州市分娩專用酒票

分娩專用酒票

　　福州市食雜採購供應站於 1978 年印行了分娩專用酒票，面額一斤。在糧食緊缺的時代，酒料同樣稀少，所以釀酒不多，都是憑票供應。為照顧產婦，使其能用酒來調理身體，政府專門印發了這種酒票。

土酒供應券

土酒供應券

　　這張酒票可換的土酒並非主糧所釀，可還是要憑票供應。

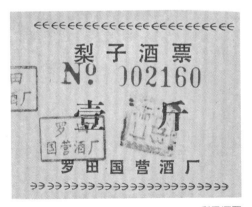

梨子酒票

梨子酒票

　　羅田國營酒廠於二十世紀八十年代印行梨子酒票，面額一斤。在酒類少時，發明了梨子釀酒，這種可供滋補的酒，當然也要憑票供應。

上海市啤酒供應票

啤酒供應票

　　上海啤酒廠於 1988 年印行的這張啤酒供應票，標明天鵝牌啤酒一格（二十四瓶），還要自帶空瓶調換，當時想多喝些好的啤酒還是十分困難的。到了上世紀九十年代，啤酒敞開供應，人們可以天天喝啤酒，甚至很多人喝出了“將軍肚”。

其他類型酒票

四川省瀘州市酒票

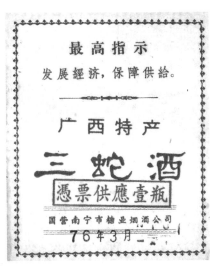

南宁市三蛇酒票

南宁市婦科毛雞酒

昆明市白酒票

南昌市四特酒酒票

紹興市黃酒票

淮北市酒票

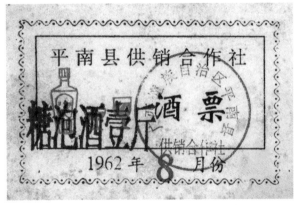

平南縣糖泡酒票

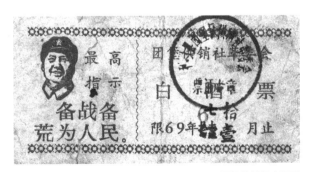

團堡供銷社白酒票

鹽票

　　我國是產鹽量最多的國家，有海鹽、田鹽、岩鹽，但在計劃經濟時期，大量鹽源沒法採製。隨著各種物資短缺供應，食鹽也開始定量，按人口供應，每人每月一斤。有些地區每人每月一斤二兩，有些地方憑購貨本注明的人口數供應，有的地方發鹽票供應，不管什麼方式都是按人口限制定量供應的。當時就整體來說，鹽是能夠滿足食用需求的。但當具體到每個家庭時，情況又各有不同。吃不完的就囤積起來，不夠吃的就發生鹽荒。有餘有缺，就會有黑市買賣，當時黑市生鹽每斤賣八角錢，商業定價每斤一角六分錢。

文山壯族苗族自治州食鹽票

呼和浩特市牧業減稅用鹽供應票

凡昌縣鹽票

湖北省襄陽專員公署農副產品獎售票證 食鹽

黔南州食鹽供應券

平南縣食鹽票

津市鹽業站食鹽醃製票

醬油票

醬油是烹飪調味品，用糧食加工製作而成。糧食緊缺時，醬油的生產也受到限制，產量少，市場就會出現求大於供的情況，需憑票供應。

醬油票

醋票

醋也是烹飪調味品，是用糧食或糖製作的，糧食與糖的產量緊缺時，醋的生產也會受到限制，生產少了，市場上自然就供不應求。當時人們雖然對醋的需求不大，但還是要憑票供應。

醋票

茶葉票

　　據說，我國是茶的發源地，茶在人們的生活中扮演著十分重要的角色，是人們的生活必需品。在計劃經濟時期，同其他生活必需品一樣，茶葉也要憑票供應。

茶葉票

08 微量票證

微量糧票

　　這張一錢糧票由南京糧食局於 1960 年發行，糧票圖案還是畫的“大躍進”時期麥子高過人、一個農民挑兩筐麥子、麥子滿滿堆起來的形象，象徵著農業大豐收。一錢等於五克，一錢大米約二百一十八粒。如果用印刷糧票的成本錢來計算，印刷一張糧票按兩分錢計，十張糧票是一兩，其成本兩角錢，當時大米每斤價一角錢，賣一兩大米是一分錢，印刷糧票的成本價是買一兩大米的數倍。從這張一錢糧票，就可以看出當時的糧食貴如金。

南京流動購糧憑證

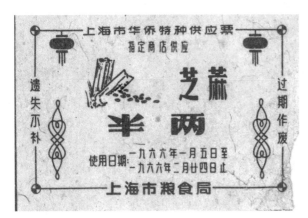

上海市華僑特種供應票（芝麻）

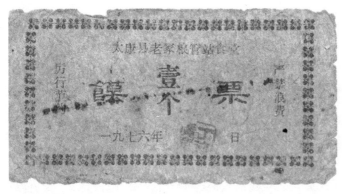

太康縣饃票

一錢售蛋獎糧券

此票由河北省保定市城關鎮糧管局於 1961 年印發，以補償出售雞鴨蛋給國家的人。

保定市售蛋獎糧券

二錢肉票

此票是廣西壯族自治區印發的僑匯購物票，國家當時並沒有提倡大搞外匯，但國家及各地方政府對那些曾經從外國匯款回中國的人，按匯款回來的數額並按各種緊缺物資的比例，補助一部分票證。

廣西壯族自治區肉票

一兩豬雜票

這枚一兩豬雜票是由廣東省新會縣食品公司於 1962 年發行的，豬肉短缺，豬雜也同樣實行憑票供應，但一兩豬雜，若是豬大腸，只有 2 厘米長。可想這一張豬雜票有多珍貴。

新會縣豬什（雜）票

三錢肉票

1962 年至 1967 年，上海、福建、廣東、廣西對華僑的特種供應券，包括匯款及回國探親在內，"特種"二字的意涵很深，算是對回到祖國的華僑同胞給予的特殊照顧。

上海市華僑特種供應票

福建省僑匯物資供應票

超大面額糧票

高郵縣糧食指標劃撥票

上海市糧食支撥書

微量油票

◎ 一分錢油票

　　遼寧省岫岩縣糧食局於 1958 年發行地方油票，這張油票可以買零點五克油，買一兩油需要一百張這樣的油票。每張油票印刷的成本價按兩分錢計是兩元人民幣，當時油價每市斤八角，買一分油價錢為零點八厘，印刷費為兩元，是油價的二百五十倍。國家為了每個人都能得到微薄的一分油付出了很大的代價，按當時的物資數量分配，每人每月定量三市兩，每天定量為一分。

岫岩縣油票

◎ 五分五厘油票

　　這枚油票由河南省鎮平縣糧食局於 1965 年發行，面額為五分五厘。當時食油價為每市斤八角錢，一兩油八分錢，一兩油要十八張油票，印刷這十八張油票，每張按兩分錢計，共三角六分錢，印刷一兩油票的成本比一兩油價高四點五倍，國家為了人民每個人都能得到一份微小的油料，不惜代價發行這類油票。

鎮平縣油票

◎ 蠍子獎勵油票

　　鎮平縣醫藥公司於 1971 年印發了這種獎勵油票，國家為了收購到貴重藥材——農民養的蠍子，獎勵一些油料票給賣蠍子的人，是一種等價的交換方式。

鎮平縣蠍子獎勵油票

◎ 食油供應證

　　這張一點三錢的油票，於 1965 年 11 月 1 日至 1966 年 6 月底由山西省襄汾縣發行，這種油票使用期為七個月。該縣當年供應每人四兩油料，一天食油是一點三錢。

襄汾縣食油供應證

廣西省購食油證

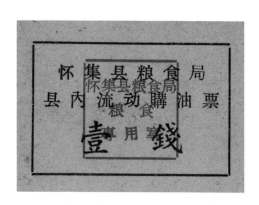

懷集縣縣內流動購油票

岫岩縣地方油票

廣州市華僑特種商品供應證 生油

佛岡縣流動購油票

哈爾濱市油票

南康縣流動食油購買票

新疆維吾爾族自治區布票

微量布票

◎ 一厘米布票

新疆維吾爾自治區商業局於 1980 年發行一厘米布票，這一厘米布票等於三市分，剛夠小姑娘做條紮頭髮的辮繩。這麼微小的布料，還要憑票供應，真是"半紗半縷，恆念物力維艱"。

◎ 半兩棉花票

1961 年下半年，寧夏回族自治區商業廳印發了這枚半兩棉花票，正值"三年困難時期"，物資緊缺，製作一個剛出生小孩的棉背心都要三四兩棉花，按這枚票的票值就得要六至八枚才能購得四兩棉花。

寧夏回族自治區棉花票

◎ 一錢棉線票

　　這張一錢棉線票由雲南省革命委員會商業廳於 1969 年發行。這張一錢棉線票十分珍貴，即使是最好的布料，沒有它就不能縫合成衣服；破爛的衣服沒有它就難以縫補起來。

雲南省棉線票

廣西僮族自治區僑匯商品供應證（棉布）

新疆維吾爾自治區 找零布票

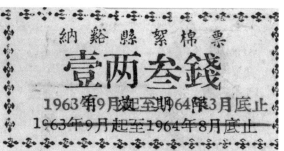

納西縣絮棉票

寧夏回族自治區棉花票

雲南省棉線票

微量購貨券

◎ 零點一張購貨券

　　這兩張零點一張購貨券中標明日用工業品，全國各省、市於不同時間都會發行，其主要用途是購買日用工業品。買一個口杯要三張購貨券，買一個二十厘米口徑的小鋁鍋要五張，買一個熱水瓶要五張，買一個桶要十五張，你如果需要買一個鋁桶，用這種券就得一百五十張，這些購貨券是發給工薪族的，約按每十元工資發一張。

瀋陽市購貨券

肇慶市日用工業品券

桂平縣購物證（縫紉機針）

開封市工業品購貨券

微量生活日用品票

湖北省襄陽專員公署獎售農副產品專用票（煤油）

常德市供水公司供水票

沔陽縣收購雞蛋 洗衣粉票

上海市華僑特種商品供應票（肥皂）

煙、酒、糖等副食品微量票證

上海市華僑特種供應證（煙票）

廣西僮族自治區僑匯商品供應證（捲煙）

廣州市華僑特種商品供應證（食糖）

糕點類、豆製品類微量票證

◎　半兩豆腐票

　　1977 年，福建省福安縣糧食局印發副食品供應票，豆腐半兩。而據當地人說是供應半兩豆腐乾。在糧食緊缺時期，豆類都作主要糧食了，國家拿出小部分豆類來製作豆腐已經很不錯了。這張票不管是半兩細糧或是半兩的豆腐，數量都算是很微小的。

福安縣豆腐票

◎　麵包供應票

　　1983 年，璧山縣糧食局直屬糧油管理站印發麵包供應票，面額一個，但此種票是要扣糧食指標、用大米或糧票去兌換的，而且不能隨意去買，需要糧、錢、票三者備齊。

璧山縣麵包供應票

其他類微量票證

文成縣油料獎售化肥票

◎ 半兩油條票

　　這張半兩油條票由江西省福安縣糧食局於 1977 年發行。半兩油條，也要憑票才能買到。

福安縣油條票

◎ 半兩糕點票

　　這張半兩糕點票由江西德安縣糧食局於 1964 年發行，半兩糕點還不夠半口，可仍得憑票購買。

德安縣糕點票

呼和浩特市牧業減稅用鹽供應票

安徽省碱粉票

◎ 購糧獎售煤油票一兩

　　這張購糧獎售煤油票由廣西僮
族自治區商業廳於 1961 年印發，
面額一兩。在“三年困難時期”，
煤油確實緊缺困難，這一兩煤油票
還是賣農副產品給國家才能獲得的
獎勵。

廣西僮族自治區購糧獎售煤油票

◎ 一兩羊肉票

　　這張五十克（一兩）羊肉票由北京市第二商業局於 1986 年印發。在首都北京，一兩羊肉還要憑票供應，這證明雖已改革開放，但發展步伐還是趕不上人民需要，物資還要繼續定量分配，不能敞開供應。

北京市羊肉票

◎ 三錢魚票

　　這張華僑特種供應票由上海市水產公司於 1963 年印發，這三錢魚票是對華僑的一種特殊照顧，一般人是無法享受的。

上海市華僑特種供應票（魚票）

◎ 半塊肥皂票

　　這張半塊肥皂票由福州市百貨公司於 1962 年印發。肥皂原材料靠各種植物油加工製作，在物資短缺的年代，各種油料緊缺，肥皂生產也很少，變成求大於供，因此有零點一塊及半塊肥皂的憑票供應。

福州市肥皂票

09

各種證卡
及雜票

機動車生產供應證

二十世紀八十年代以前，國家控制的物資供應證須由國家計劃委員會印製。上世紀八十年代初私人汽車屈指可數，汽車供應主要分配給國營及集體單位，其中汽車種類有：柴油汽車、汽油汽車、小轎車、輕型越野車。到九十年代初，改革開放進入新階段，我國汽車工業突飛猛進，交通發達，人民生活水平大幅提高，汽車無需憑票供應，有錢就可買到理想的汽車。

小轎車、輕型越野汽車供應證

80 摩托車供車券

（柴油）汽車生產供應證

臨時乘車證

　　這張外地革命師生乘車證於 1966 年印發，汽車、電車各路通用。1966 年 "文化大革命" 開始不久，各地教師和學生（簡稱師生）到各地串聯，由當地紅衛兵組織無條件接待及照顧，但其本身也沒有錢，只有印出此種票證進行記賬。

外地革命師生臨時乘車證

貴州省軍區車公里票

　　1983 年，為了照顧軍隊退休幹部出入乘坐汽車方便，貴州省軍區印發了這種車公里票，屬於免費的特殊照顧，規定按票上的公里數，坐多少公里就要給多少公里票，並限於內部使用。

貴州省軍區車公里票

汽車客行包票

廣西僮族自治區汽車客行包票

1958年全國實行"人民公社化"後，各方面物資運輸都很便宜，為了加強現金收入管理，杜絕漏洞，因此印發這種客運行包票，憑票將行李託運保管。

購貨證、購貨卡、商品供應卡

在計劃經濟時期，各種購貨證、購物卡及商品供應卡，關係到每家每戶的日常生活用品。人們每月按本子上登記的人口數購買分配供應的商品，如白糖、餅乾、腐竹、粉絲、月餅、酒類、香煙、香皂、洗衣粉、鍍鋅水桶、奶粉、家禽、蛋品、水產品、年貨、燈泡、火柴、火石等，都要憑這個小本子購買。如果沒有這些證、卡，日常生活就難以為繼。

邕寧縣派購證、購貨證、農副產品自產自銷證

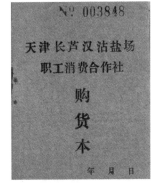

天津長蘆漢沽鹽場職工消費合作社購貨本

北京市購貨券（日用工業品）

北京市購貨券

上海市副食品購買券

上海市日用工業品購買證　　上海市副食品購買證

武漢市日用工業品購貨券

桂林市購貨券

南寧市購貨券

各地以工代賑購貨券

　　以工代賑就是"以務工代替賑濟"，是國家以實物折款或現金形式投入受賑濟地區，實施基礎設施建設，讓受賑濟地區的困難群眾參加勞動並獲得報酬，從而取代直接賑濟的一種扶持方式。

廣西壯族自治區工業品以工代賑購貨券

安徽省糧食和工業品以工代賑購貨券

陝西省中低檔工業品以工代賑購貨券

貴州省中低檔工業品以工代賑購貨券

海南省工業品以工代賑購貨券

河南省以工代賑購貨券

黑龍江省第六批以工代賑購貨券

江蘇省以工代賑購貨券

江西省以工代賑江河治理工業品購貨券

四川省中低檔工業品以工代賑購貨券

僑匯商品供應證

　　這種供應證是有海外關係的人，有親屬在海外匯款回來才能得到的。當時為了吸引外匯，在經濟生活中，國家給予了諸多優惠政策，寄回來的外匯按比例發給僑匯供應證，標明有糧食、油料、肉類、副食品、香煙、工業券等。在物資匱乏的年代，那些有海外關係的僑眷，手上有這些票券，自然會吸引很多人羨慕的目光。

廣東省僑匯商品供應證

廣東省華僑特種商品供應證

上海市華僑特種供應票

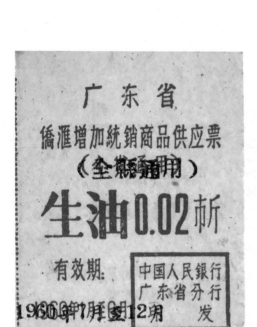

廣東省僑匯增加統銷商品供應票

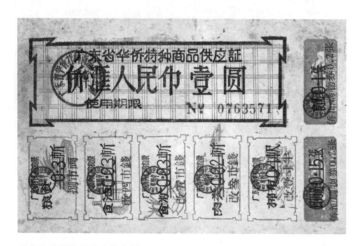

廣東省華僑特種商品供應證

廣西壯族自治區僑匯物資供應證

廣西壯族自治區僑匯券

廣西壯族自治區僑匯特種商品供應證

建築僑匯供應券

　　這種建築僑匯供應券由廣東省海南行政區印發，在計劃經濟時期，物
資匱乏，加上外匯少，國家為了鼓勵海外親屬寄外匯回來，因而給予了他
們一定的照顧，可按寄回外匯金額的比例購買部分緊缺建築材料。

福建省僑匯物質供應券

革命殘疾軍人物資優待購買證

　　這張購買證由新興縣革命委員會於 1977 年印發。因當時各種物資還
比較短缺，為了照顧革命殘疾軍人，每月供應生油六兩、肉類兩元的優待。

新興縣革命殘廢軍人物質優待購買證

《毛澤東選集》第三卷購書證

《毛澤東選集》第四卷購書證

《毛澤東選集》第三、四卷購書證

新中國成立後，在普遍進行馬克思主義思想理論教育的背景下，為了進一步提高全黨的馬克思主義思想理論水平，適應廣大幹部群眾學習上的需要，適應知識分子改造思想、提高覺悟的需要，中共中央陸續編輯出版了《毛澤東選集》第一卷至第四卷。

天津市社會集團購買證

社會集團購買證

天津市財政局於 1977 年印發社會集團購買證。黨的十一大召開後，財政要壓縮開支，勤儉建國，厲行節約，實行辦公費用包幹制，每個單位、科室，按每年每季度劃撥辦公經費，以證代錢購買辦公物品。

監獄購物證

在計劃經濟時期，普通百姓的一切物品需要憑票供應。犯人服役期間，購物也得用犯人專用的購物證。

湖南省第一監獄購物證

兌換券

這張兌換券由中國人民解放軍駐貴州市第二監獄軍管小組於 1970 年印發。在"文化大革命"開始時，中央就認識到監獄必須由解放軍接管，在任何情況下，都不得影響到監獄裏的犯人，一定要由解放軍保護好，所以在監獄裏的犯人親屬送來的錢由軍管小組收管，另給兌換券在內部使用。

貴州省第二監獄兌換券

代金券

代金券是在消費活動中代替貨幣使用的一種有價票券，通常有一定的使用範圍和時限。

廣西柳州拖拉機廠代金券

柳州機務段代金券

出生證

　　廣州市人民政府衛生局於1953年印發出生證，當時尚未提倡計劃生育，但政府為了統計每年的出生率而印發的這種證明，也是實行計劃生育時發的准生證的前身和基礎。

廣州市出生證

江西鉛山縣出生證

湘潭市嬰兒出生證

◎　山西省煤炭准銷票

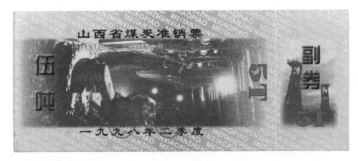

山西省煤炭准銷票

◎ 水腫病營養物資供應券

皮糠四斤

豆餅四斤

食油二兩

食糖一斤

◎ 土地執照和房產執照

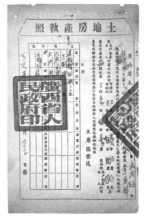

廣西省土地房產執照

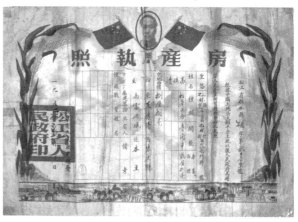

松江省（今黑龍江省）房產執照

◎ 國家公債券

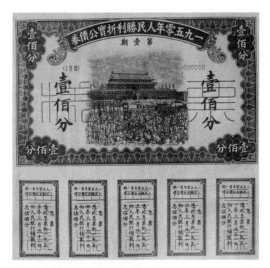

1950 年人民勝利折實會公債券

1956 年國家經濟建設公債券

1954 年國家經濟建設公債券

1955 年國家經濟建設公債券

1956 年國家經濟建設公債券

1957 年國家經濟建設公債券

◎ 中華人民共和國國庫券

1983 年國庫券

1987 年國庫券

1991 年國庫券

1988 年國庫券

1991 年國庫券

1991 年國庫券

證件及其他

社員證

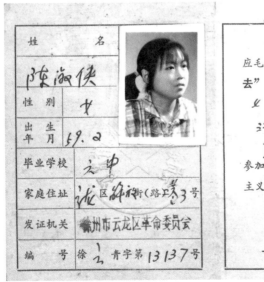

知青證

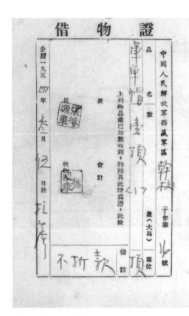

中國人民解放軍借物證

廣州市（集體戶）個人工業品供應證

高要縣攤販營業證

要／攤

宇第　　號

攤販應注意事項

（一）攤販必須遵守政府一切規定的辦法擺賣營業
（二）本證不得轉借或轉讓他人並不得遷改
（三）本證須隨時攜帶以備檢查如有遺失應即報告工商科呈請補發
（四）攤販擺賣場所須照本證所填地點營業不得擅自移動位置或游動販賣
（五）攤販擺賣不准違禁食品或有傷風化的圖片書籍賊物軍械以及其他違禁物品
（六）凡販賣殼皮食物其殼皮不得隨地拋棄妨害公共衛生
（七）持證人不得有投機批騙高抬物价以及其他一切不正當行為
（八）知違反規定的第一次勸告第二次警告第三次沒收本證並取銷其攤販資格

一九五七年十一月十五日填發

姓名	何慧英
籍貫	高要
年齡	二十三
性別	女
從業人姓名	無
擺賣地點	大利統一路
營業種類	生菓香烟羊食
現住所	大利中华路
資本金額	業拾叁圆
備註	

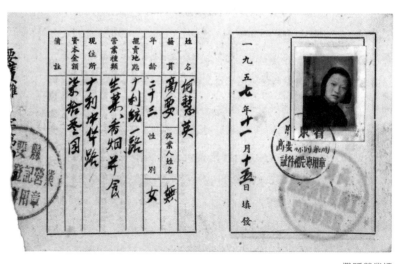

攤販營業證

責任編輯		王昊
書籍設計		任媛媛

書　　名	....	票證裏的中國
著　　者	....	李三台
出　　版	....	三聯書店（香港）有限公司
		香港北角英皇道 499 號北角工業大廈 20 樓
		Joint Publishing (H.K.) Co., Ltd.
		20/F., North Point Industrial Building,
		499 King's Road, North Point, Hong Kong
香港發行	....	香港聯合書刊物流有限公司
		香港新界荃灣德士古道 220-248 號 16 樓
印　　刷	....	中華商務彩色印刷有限公司
		香港新界大埔汀麗路 36 號 14 字樓
版　　次	....	2019 年 10 月香港第一版第一次印刷
		2024 年 7 月香港第一版第二次印刷
規　　格	....	16 開（170 × 230 mm）432 面
國際書號	....	ISBN 978-962-04-4545-3

本書經由中國廣西師範大學出版社授權出版。